SECOND COUP-D'OEIL

Sur l'unité d'origine des trois Branches Mérovingiennes, Caroliennes et Capetiennes.

J'ai essayé de faire une enquête dans l'Histoire pour constater l'unique origine de nos Rois.
Des témoins incorruptibles et irréprochables ont
élevé la voix. J'ai consigné dans ce petit écrit
leurs dépositions authentiques et concordantes. Je
prie le Lecteur de peser et d'analyser la nature
et la diversité de ces témoignages. J'ose dire que
plus il les approfondira, plus il trouvera de
poids dans ces preuves, et de cette force sub-
stancielle qui terrasse l'erreur et opère une con-
viction intime. La certitude et la majesté des
faits allégués sont réunis à la puissance des au-
torités. Ce système de preuves, quoique neuf,
n'en est pas moins énergique et concluant pour
l'évidence.. Dieu me soit en aide pour faire
triompher cet hommage dû à la très-haute et
vénérable antiquité Royale du sang de Clovis,
de Charlemagne, et de Saint-Louis!!!......

SECOND COUP D'OEIL

Sur l'unité d'origine des trois Branches Mérovingiennes , Carliennes et Capetiennes.

E ʃ a licâ consuetudine non recedit Gallica Natio.

LES coutumes des Peuples sont leurs lois. Elles sont l'expression et le répertoire de leurs mœurs. Quand on en peut déchiffrer les caractères, et qu'on analyse l'histoire, souvent on y trouve la preuve et la solution de faits devenus des problêmes par les ténèbres de leur antiquité.

Il existait chez les Francs nos Aïeux , une noble et admirable coutume , religieusement observée, et dont la vigueur s'est perpétuée parmi nous. Ils ne prenaient leurs Rois que dans le sang Royal : la proximité de lignage , l'ordre de primogéniture les appellaient au trône. Cette orgueilleuse coutume, le *Palladium* des derniers Conquérans des Gaules, ils nous l'ont transmise avec leur sang. Couverte chez les Français du bouclier sacré de la Loi Salique, une durée de quatorze siècles n'a pu en

A 2

affaiblir l'intensité ni l'exécution. Elle est restée comme la Religion qui la consacre, inébranlable au milieu des ruines du tems, des tempêtes de l'ambition et du choc des désordres. Cette fière et magnanime coutume de nos vaillans Ancêtres, qui n'est autre chose que la réalisation de la loi éternelle de la légitimité, a, lorsqu'on a osé y porter atteinte, été défendue comme une autre Arche Sainte par la Nation Française.

Quelle terrible et longue guerre n'alluma pas la fiction de droit d'Édouard III, Roi d'Angleterre, lorsqu'il prétendit à la couronne de France, au préjudice de Philippe de Valois? Sous les règnes de ces deux Monarques et de leurs successeurs, les deux Nations combattirent l'une contre l'autre, pendant deux cents ans, avec un acharnement inoui. Les désastres des champs de Crecy, de Potiers, Dazincourt ne rallentirent point les fureurs de la guerre. Le Peuple Français redoubla de courage et d'énergie pour soutenir le droit de la Dynastie légitime; et enfin le fracas des armes et des prétentions des Rois de la Grande Bretagne, vint échouer sous la gloire de l'Oriflamme des Lys.

A l'extinction de la Branche Royale des Valois, l'ambition des Maisons d'Espagne et de Guise ralluma les torches d'une guerre civile. L'usurpation masquée d'un voile religieux, projettait d'exclure du trône de

Hugues Capet, Henri schismatique. Alors les oracles de l'antique coutume des Francs et de la Loi Salique se firent entendre ; ils proclamèrent le droit de la Branche Royale de Bourbon. A leur voix, l'ame martiale de la Nation s'exalte; le panache blanc du grand Henri rallie la Noblesse et tous les bons Français. La victoire marche sous les bannières de l'honneur ; bientôt la Faction ambitieuse, abbatue par les armes, l'abjuration et la clémence, du Héros, tomba sous les lauriers et à la merci du Souverain légitime.

Jamais l'esprit monarchique , l'esprit vital de la Nation Française (*in quo vivimus, movemur et sumus*), n'a étincelé d'un plus vif éclat, qu'aux époques où la témérité a voulu entreprendre sur les droits Saliques de la race patriarchale des Français.

La catastrophe épouvantable de la Monarchie en portera à la Postérité la plus reculée, un horrible et éclatant témoignage. Victimes et témoins d'une Révolution atroce, Bons Français!! C'est l'ame et la coutume de ces antiques Francs, qui vous ont armé de la lance et de la francisque, pour défendre la Foi, la Race et la Monarcahie des Mérovingiens. Nobles et fiers Rejetons des Francs, votre généalogie est certaine : l'honneur et la féaulté en ont signé le glorieux certificat. Quels prodiges de dévouement , quels efforts héroïques n'ont pas signalé vos pas ? La prodigalité de votre sang est de tous les sacrifices , celui qui vous a le moins coûté pour reconquérir l'objet de votre idolâtrie , je veux dire , cette auguste Maison de France , unique dans la certitude et la splendeur de sa majestueuse antiquité Royale.

Il est certain , le fait est incontestable , que la coutume des Francs traduite dans la Loi Salique , vivifiée par le principe éternel de la légitimité , a reçû dans la Monarchie Française une exécution inviolable et sacrée. La Nation Française a toujours défendu avec sa bouillante valeur cette Loi cordiale et fondamentale , lorsque l'ambition d'un sang étranger a menacé de l'enfreindre.

Il n'est ni moins authentique et certain , l'histoire est univoque sur ce second fait , que la tradition du Sceptre Mérovingien chez les Carliens , du Sceptre Carlien chez les Capetiens , se firent avec le vœu unanime et solennel des Ordres du Royaume. Ce changement fut si paisible , que le Sceptre passant dans d'autres mains , ne parut pas passer dans une autre Race. Il s'opéra sans déchirement , au milieu d'un Clergé puissant , d'une Noblesse fière et formidable , chez un Peuple tout impregné de l'esprit Salique , qui adorait ses Rois , et qui portait une horreur innée à la domination de toute Race étrangère.

(7)

Scrutera-t-on la compatibilité d'existence de la Maison de Charlemagne et des Maisons Ducales de Gascogne et d'Aquitaine? Il en jaillit la plus vive lumière. Ce troisième fait donnerait seul la preuve décisive de l'unité d'origine des deux Maisons : car si cette unité n'existait pas, si elle n'était pas avouée et reconnue, la rivalité de ces Maisons en provoquait nécessairement l'incompatibilité. La postérité de Caribert aurait fait retentir les droits de sa superbe naissance. Appuyée de la Loi Salique, de la coutume et des mœurs des Francs, aurait-elle, sans réclamation, abandonné aux Pépins le Sceptre de Mérovée?

L'usurpation est la fille du Machiavélisme : si Pepin n'est pas de la souche Royale des Francs, la politique exterminatrice de Jéhu contre Joram, de Cromwel contre les Stuarts, d'un Bonaparte contre les Bourbons, est la politique nécessaire de sa famille. Il est évident que la Maison Carlienne n'avait de repos à attendre, d'affermissement à espérer, qu'après avoir anéanti la descendance du frère de Dagobert. Ces Maisons Ducales devaient donc disparaître sous les coups de la politique Carlienne. L'anéantissement de cette Branche Mérovingienne était donc impérieusement commandé : Pour l'effectuer, les Carliens n'avaient qu'à le vouloir.... Que fait dans cette circonstance la Maison impériale? Hunold, sa femme et ses enfans sont

A 4

livrés à la vengeance de Charlemagne, par Loup Duc de Gascogne, chez qui ils s'étaient réfugiés. Nouvel hommage à la consanguinité !.... La félonie de cette famille n'est punie qu'avec les armes de la clémence et de la courtoisie du Monarque vainqueur. La Maison impériale, loin de dépouiller et d'anéantir les petits fils de Caribert, confirme et maintient dans leurs appanages héréditaires les Ducs de Gascogne, les Comtes d'Astarac, les Vicomtes de Bearn. L'autorité des Comtes du Bigorre et d'Arragon s'affermit sans empêchement ; et bientôt elle couvre la Navarre, la Castille et l'Arragon du bouclier de la Royauté. Charlemagne et ses successeurs Rois, agissant donc en Chefs de famille, consolident la compatibilité d'existence : *Ubi nulla invidia recognitum jus sanguinis....*

Aussi Pepin et Hugues Capet en montant sur le trône, déclarèrent-ils hautement ; le premier qu'il était du sang du grand Clovis ; le second qu'il était du sang Royal. L'Histoire qui signale ainsi leur droit patrimonial, ne mentionne point de contradiction à ces deux faits. En effet, si ces deux Princes n'étaient pas du sang Royal des Francs, en ligne masculine, comment auraient-ils pu en imposer à la nation entière sur un fait si notoire, si public et si important ? Comment éviter les reproches du défaut d'origine, et étouffer ces reproches dans le silence absolu de l'Histoire ?

Aurait-il été possible à Pepin et à Hugues Capet, d'écarter de la concurrence au trône, le sang de Caribert, et même ces Ducs et Comtes Français, qui auraient trouvé dans leurs alliances avec les Mérovingiens, l'illusion d'un droit pour faire valoir leur ambition. Ces deux Princes privés de la noblesse d'un sang si vénéré chez les Français, auraient-ils obtenu de l'orgueil et de la loyauté des hauts Barons, cet aveu fatal qui les plaçait sous le joug humiliant d'une Maison étrangère ? la Nation entière aurait-elle tout-à-coup abjuré son antique coutume et le sang de ses Rois ?....

Quoi !... la race de Mérovée porte la foudre d'une révendication, elle n'en fait point d'usage ? Alliée par la politique et par le sang à tous les Potentats de l'Europe, elle en est délaissée ? Aucun parti ni au-dedans ni au-dehors n'éclate pour sa défense ? La légitimité de ses droits patrimoniaux ne trouve aucun appui ? Le ravisseur de la Couronne Mérovingienne conserve dans le Royaume un sang rival, un sang idolâtré ? Pepin et Charlemagne sont forcés de châtier les parjures et les félonies des Ducs d'Aquitaine ; mais les enfans d'Hunold et de Gaiffre sont assurés des dignités et du rang dûs à l'éclat de leur haute naissance.

La qualification de Prince des Français qui n'ap

partenait qu'aux membres de la Dynastie régnante, Saint-Arnould la partage avec elle. A l'exclusion de tous les autres Maires du Palais, il en est décoré lui et sa descendance. Dira-t-on que le vertueux Saint-Arnould aura usurpé cette qualification ? Ce serait sous les règnes mâles et vigoureux d'un Clotaire-le-Grand, d'un Dagobert I., qu'il aurait impunément commis cet attentat à la Majesté de la famille Royale. Non, il était Prince des Français par sa naissance !... Son père le Duc Arnoald, pour se consacrer à Dieu, avait refusé son oncle le Roi Gontran qui voulait l'adopter. Sigibert III Roi d'Austrasie adopta pour héritier, son neveu Childebert, fils de Grimoald Maire de son Palais, et petit fils de Pepin I du nom. Or le Duc Arnoald et Childebert étaient donc du sang Mérovingien ; car autrement, Gontran et Sigibert auraient déchiré et anéanti la Loi Salique qui exclut les femmes du trône, pour le perpétuer dans la même race : ils auraient servi de marche-pied aux Pepins pour détrôner leur propre race. Deux adoptions si subversives de la loi fondamentale de l'Etat, entraînaient des guerres affreuses où la paix n'avait de signal que l'extermination de l'une des deux races. Comment imaginer que ces deux Rois auraient voulu, auraient osé appeler et couronner un sang étranger, et par-là attirer de si grands malheurs sur la Maison et sur les Royaumes des Mérovingiens ?

(11)

Veut-on enfin connaître le génie de la Monarchie
des France, par rapport aux adoptions, que l'on
consulte les gestes de Clovis, de Clotaire I. et ceux
de Clodomir Roi d'Orléans, à l'égard des Rois
Bourguignons. Oui, tout cela, sans l'unité de tige,
est incroyable, est inexplicable, est absurde ! !
L'unité de tige peut seule tout expliquer.

Mais cette unité d'origine était si bien article de
foi au Parlement de Soissons, que cette assemblée
illustre en fit transmettre, par son organe, la
créance au Souverain Pontife.

Burchard Evêque de Wirsbourg, chef de l'ambassade envoyée en 752, au Pape Zacharie, pour
le consulter sur l'élévation de Pepin au trône, en
adressant la parole à sa Sainteté, s'exprima ainsi:
*Ce second Pepin successeur des vertus de ses an-
cétres, issus de la race du grand Clovis, bien
informé, etc., etc.* Le Pape Zacharie répondit à
ce discours. *Que pour ne pas interrompre l'ordre
de la succession Royale, les Français devaient
élever Pepin sur le trône. Les Français*, dit Ade-
mar, Moine de St-Cibar d'Angoulême, *pour ne
pas troubler l'ordre de la succession Royale, ins-
tallèrent Pepin qui était Prince du Sang Royal
de France.* Pierre le Bibliothécaire affirme *Que
Pepin était de la race des Mérovingiens.* Les Annales de France et celles de Saint-Bertin rappportent

que Pepin fut élevé sur le trône, selon la coutume des Français, qui est de ne couronner que des Princes de la Maison Royale de France du côté des mâles, sont en concordance avec Paul Diacre, Chancelier de Didier Roi des Lombards, auteur de l'éloge de St-Arnould, qui dit : *qu'il était éclairé non-seulement de la sainteté de sa vie mais aussi de la splendeur de sa race, laquelle il tirait de la très-noble Maison de France.*

A ce nouveau genre de preuves, si l'on réunit le poids d'autres preuves diplomatiques, monumentales, traditionnelles, historiques accumulées depuis des siècles sur ce point généalogique ; alors le doute et le problème se précipitent dans le néant de l'incrédulité.

En résumant ces grands et pompeux témoignages qui depuis tant de siècles parlent si affirmativement, si éloquemment.

1.º La force et l'influence de la coutume des Francs et de la Loi Salique.

2.º La constante sollicitude de la Nation Française à enconserver l'esprit...

3.º Son opiniâtreté à en garder l'exécution.

4.º L'aveu solennel des Ordres de l'Etat et du Peuple Salique, en faveur de l'élévation de Pepin et de Hugues Capet au trône de Pharamond.

5.º La tranquillité merveilleuse qui accompagna cette élévation.

6.º La compatibilité d'existence des Maisons Carliennes et Capétiennes et de la Postérité d'Aribert, Roi d'Aquitaine.

7.º L'étonnant silence de cette Postérité sur son droit éminent au trône, si Pepin et Hugues Capet ne sont pas du sang Mérovingien.

8.º Le délaissement étrange qu'elle éprouve de la part des Potentats de l'Europe.

9.º L'adoption du Duc Arnoud fils d'Ansbert, proposée par Gontran, Roi d'Orléans, son oncle.

10.º L'adoption de Childebert, fils de Grimoald, par son oncle Sigibert III, Roi d'Austrasie.

11.º La qualification de Prince des Français, portée par Saint-Arnould et sa descendance, à l'exclusion de tous les autres Maires du Palais.

12.º La déclaration solennelle de Pepin, énonçant qu'il est du sang du Grand Clovis

13.º La créance du Parlement de Soissons sur l'origine Mérovingienne de Pepin, transmise par l'ambassade de cette assemblée, au Pape Zacharie.

14.º La réponse affirmative du Pape Zacharie.

15.º La clémence de Charlemagne envers la Famille du Duc d'Aquitaine, tombée en son pouvoir.

16.º Sa magnanimité inouie, impolitique, si le vainqueur n'était pas du sang du vaincu.

Ce cortège majestueux de faits historiques et certains environne donc de son éclat, l'unité d'origine de nos Rois et la proclame. La nature et l'authenticité de ces preuves imposantes et lumineuses, leur connexité intime et active avec la coutume, les lois, les mœurs et les gestes antiques de la Nation Française démontrent l'unité de Dynastie. Il faudrait abjurer l'évidence ; il faudrait pouvoir nier la lumière, pour nier le triomphe de cette vérité illustre.

1.° Cet aveu ou formalité de la part de la Nation Salique est d'un poids immense pour justifier que ces deux Princes ont été reconnus pour être du sang Royal des Francs ; mais cet aveu ou consentement des Ordres de l'Etat et du Peuple Salique, est dénué de virtualité, par rapport au droit patrimonial de Pepin et de Hugues Capet à la Couronne.

2.° En s'avançant vers le trône, Pepin était muni de sa naissance Royale, appuyée des deux adoptions des Rois Gontran et Sigibert III. Hugues Capet portait en main le testament de Louis V qui l'instituait Roi de France.

3.° L'auteur de la vie de Saint-Arnould, son contemporain, Jonas, Abbé de Luxeul, dit du Prince Ferréolus, père du Duc Ansbert, qu'il était de très-haute et illustre naissance et de la race des Français. Il avait, selon le savant père Adrien Jourdan, épousé en premières noces Industrie, fille du Grand Clovis, et en secondes noces, Etherie Sydoine, fille de Sydonius. Il assista, dit Sainte-Marthe, le Prince Thierry, son beau frère, à la conquête de l'Auvergne et de l'Albigeois. Le même Père Jourdan ajoute, que ce Prince avait pour père Sygilmer fils de Clodion, Roi de France, et pour mère Archotamie, fille de Tonancius Ferreolus, Préfet du Prétoire des Gaules ; raison pour laquelle le fils de Sygilmer reçut le nom de son Ayeul maternel, surnommé Ferreolus ; or Pepin d'Heristel, Duc et Prince des Français, père de Charles Martel et de Childebrand, auteur des deux Branches Carliennes et Capetiennes, avait pour quartayeul le Prince Ferreolus, fils de Sygilmer, et petit fils du Roi Clodion, et pour quartayeule Archotamie fille de Tonnance Ferreol, race Gauloise très-illustre, qui possédait dès 400, la charge de Préfet du Prétoire des Gaules.

MM. de Sainte-Marthe auteurs de la savante Généalogie de la maison de France, se sont mépris sur la filiation du Prince Ferreolus, issu en ligne masculine du Roi Clodion son Ayeul. MM. de Sainte-Marthe donnent au Prince Ferreolus, père d'Ansbert, l'extraction masculine des Tonnances, tandis que ce Prince n'a de cette Maison Gauloise que l'extraction féminine par Archotamie sa mère, épouse de Sygilmer son père : c'est ce qu'à fait voir le père Jourdan dans son Histoire de la Maison Mérovingienne.

Wassebourg, Rosières, Jacques Corbin rédacteur du Code Louis XIII, Claude de Rubis, etc. ont soutenu que le Duc Ansbert était Marquis du Saint-Empire, Duc de Mozellane et d'Austrasie, qu'il avait pour père Waubert Duc de la France orientale, et pour ayeul Albéric ou Auberon, fils de Clodion-le-Chevelu, Roi de France. Le tems et des recherches nous découvriront les véritables dégrés de génération, qui font la jonction du Duc Ansbert avec le tronc Royal des Francs. En attendant cette découverte, nous avons par la déposition de faits irréfragables, la certitude de l'identité de sang de la Famille de nos Rois. Or la noble Dynastie des Bourbons descend par une filiation masculine et certaine, de cet illustre Duc et Sénateur Ansbert, fils du Prince Ferreolus. Louis XVIII, Roi de France est avec ce Prince au trente-neuvième dégré de génération.

4.º Pepin-le-Bref, dit S. Dupleix, se glorifiait d'être descendu de la lignée d'Hector, dit de Jambart, frère puiné de Marcomir et de Dagobert, tous trois fils de Clogion III, Roi des Francs. Ce fut ce Clogion qui vengea à Cambrai, dans le sang des Romains, l'horrible massacre qu'ils avaient fait du Roi Théodomir son père, et de la Reine Hastile sa mère.

5.º J. C. de Bevy, prêtre Bénéd. D. L. C. de Saint-Maur, savant antiquaire, auteur d'un ouvrage sur l'unique origine des Rois de France, rapporte que le Vandalisme révolutionnaire, a détruit dans l'église de St-Arnould de Metz, une châsse d'argent faite en 1167, dans laquelle le corps de ce Saint était enfermé. Sur le chapiteau de cette châsse, on voyait gravés les noms et les portraits des Rois Mérovingiens, ancêtres de Saint-Arnould. Son père le Duc Arnoald, dit Buggise, avait pour mère Blitilde de France, fille du Roi Clotaire I.er

6.º Il n'est pas inutile de remarquer en généalogie, que le nom d'Ausbert ou d'Anzelbert appartient par consonnance, à la famille Mérovingienne. C'est le même dialecte Germanique qui à modifié la terminaison du nom de plusieurs Dagoberts, Ariberts, Chereberts, Cariberts, Richimers, Sygilmers, Woberts Theodeberts, Theodemers, Marcomers, Auzelberts, Sigeberts, Sigiberts; etc.

7.º L'auteur de la vie de Saint-Jacques-l'Hermité, en parlant de Robert-le-Fort, dit : *Et Regum genere ortus erat.* Un autre auteur de la vie de St-Genoul, mentionnant le mariage de Robert I.ᵉʳ, selon MM. de Sainte-Marthe, père de Robert-le-Fort avec Agane, dit : *Qui Robertus ad suæ nobilitatis excellentiam regalis etiam stemmatis per sororem adeptus erat consortio quam idem Dominus Pipinus uxorem duxit.*

8.º Ce ne fut qu'après le refus du Duc Arnoald, que Gontran adopta Childebert Roi d'Austrasie. Or, si Arnoald n'avait pas été du sang Royal, Gontran aurait-il préféré un étranger, son neveu en ligne maternelle, à Childebert son neveu en ligne paternelle ? [En l'adoptant il lui dit : « Qu'un même bouclier nous couvre, qu'une même « lance nous défende. »

L'adoption de Childebert, fils de Grimoald eut lieu avant la naissance de Dagobert, fils de Sigibert III Roi d'Austrasie, et de Fredberge sa femme, fille de Pepin I.ᵉʳ Le fils adoptif fut la victime de son ambition, pour avoir usurpé, après la mort de Sigibert, les droits de son fils légitime.

9.º Le Fondateur du Monastère d'Ahalon, Diocèse d'Urgel-Wandresigile, Comte des Marches de Gascogne, descendait d'Aribert Roi de Toulouse, et l'avait pour trisayeul paternel. Il etait petit fils du fameux Eudes et de la Princesse Valtrude, du sang Royal de Charles-le-Chauve. Le diplôme de cet Empereur qui confirma en 845 la fondation d'Ahalon, renferme ces paroles remarquables; *Quod præclarus quondam Wandregisilus comes, consanguineus noster ac homo ligius, quem genitor noster, super Vasconiam limitaneam constituit.* Or je laisse à décider si le mot *Consanguineus* n'exprime pas parenté agnatique et cognatique.

A. D.

A Vire, chez ADAM, Imprimeur-Libraire, au 1817.

10.° *Ansbertus nobilis Francus : nam ista Blitildis soror Childeberti regis habuit virum in conjugio, nobilem inter Francos, nomine Ansbertum ; de quo genuit filium nomine Arnaldum. T. 2. P. 68. Hæc ipsa Blitildis nupta fuit Ansberto cuidam nobilissimo. T. 2. P. 456. Historiæ Francorum scriptores.* P. André Duchêne.

11.° L'auteur de l'histoire du Diocèse de Metz, le R. P. Meurisse, rapporte un ancien manuscrit de cette Ville, qui dit de l'illustre Sénateur Ansbert : « Qu'encore qu'il ne fût » pas honoré de l'éminente qualité de Roi, il ne laissait pas » d'être grandement considéré par sa haute naissance et par » l'affluence des richesses qu'il possédait. » Dans ce même manuscrit, est consigné le fait de l'adoption proposée au Duc Arnoald, dit Buggise, par le Roi Gontran, prince le plus affectionné à son sang. Ste. Marthe généal. de L. M. de France. Edit. de 1647. P. 198 et 199. Le monosylabe *Bert*, si commun dans les noms des Princes Mérovingiens, rappelle encore l'origine Germanique et Royale du Duc Ausbert. *Bert*, selon Fortunat, exprime bon, doux, humain. *Ric*, signifie riche, illustre, vaillant.

12.° *Arnulphus vir per omnia sanctitatis et splendore generis clarus, qui ex nobilissimo fortissimoque Francorum stemmate ortus.* Warnef. T. 2. P. 201. « *Scilicet Arnulphum* » *Francorum qui fuit olim princeps ac præsul post satis* » *egregius.*

» *Dic, age, Musa, virum egregio de sanguine Regum ;*

» *Illustrem Arnulphum, placidus cui fulsit in ortu.* V. Ste. Marthe.

13.° *Anno ab Incarnatione.. Pipinus filius Ansegili nobilissimi quondam Francorum principis... cujus Anschisi nomen ab eo Anschise patre Æneæ qui à Trojâ in Italiam olim venerat, creditur esse deductum, Nam gens Francor. sicut à veteribus est traditum, à Trojanâ prosapiâ tr. i. exordium.* Il y a en effet homonymie Troyenne dans Anchise, Buggise, Valchise, Walachise... *Begga filia Pipini præcellentissimi quondam principis nupta Ansigiso Sancti Arnulphi Metensis Episcopi filio, regiæ dignitatis decus, quod penitùs disperierat, per regnum Francorum, inauditam desidiam, per suam reparavit prosapiam : ista quidam genuit Pipinum.* C'est à ce Pepin d'Héristal que Pepin de Landen, fils de Charles de Hasbain, Seigneur de Tongres et de Brabant, père de Begga et de Sainte-Gertrude, laissa sa vaste principauté et son nom. Clotilde, fille du Roi Thierry, était l'aïeule de ses deux Princesses. *Sanè quia huic masculini sexus proles defuerat Pipino filio nepoti sui superstiti nomen cum principatu dereliquit.* Principauté qui s'étendait entre la Meuse et la Forêt Charbonnière, jusqu'aux vastes limites des Frises.

14.° *Pipinus legatos misit Romam ad Zacharium Pontif. maximum, ut qui ex antiquâ stirpe Merovingiorum fuerit, regnaret in Galliâ. Exaudit Pontifex et mandat Gallis ut in eorum Regem haberent Pipinum.* T. 3. P. 541.

15.° *Quo officio tunc Hildericus deponebatur, Pipinus jam velut hæreditario jure fungebatur, qui honor non aliis dari consueverat, quàm his qui claritate generis et opum magnitudine eminebant.* T. 1. P. 718.

16.° Il est essentiel de remarquer ici, que le Roi Pepin était contemporain de ces illustres et puissans Ducs de Gascogne et d'Aquitaine, qui n'ont jamais prétendu autre chose que leur indépendance et l'affranchissement du tribut et de l'hommage lige qu'ils devaient à la Couronne. Si Pepin n'était pas Prince Mérovingien, ces Ducs Mérovingiens n'auraient-ils pas fulminé contre son origine et son ambition ?

L'Histoire est étonnée que le sceptre des Francs ait ainsi changé de mains, sans qu'une goutte de sang ait été répandue. Le fait serait humainement inoui, extraordinaire, s'il n'était pas le prodige de la légitimité de race. Voilà le mot de l'énigme et la cause fondamentale de ce paisible changement. Les autres raisons auxquelles il a été attribué ; ne sont que des raisons spécieuses et superficielles. Abstraction faite d'un ordre de Dieu, jamais une race légitime n'a été détrônée par une autre race usurpatrice, sans le déchirement des guerres civiles. Témoins de la révolution, témoins du retour des Bourbons, pourra-t-on nier aujourd'hui les effets terribles et miraculeux de la légitimité ? Nous avons senti et vu agir en France et en Espagne l'héroïsme de sa puissance. La famille de nos Rois rentre isolément dans son Royaume patrimonial ; les Français tombent à ses pieds. Louis XVIII monte et s'assied sur le trône de ses glorieux Ancêtres, si l'on peut s'exprimer ainsi, voilà que ce Roi et sa famille y sont cloués. En vain une faction aux dents de fer, s'acharne-t-elle à ronger le clou de la légitimité, elle y brisera ses machoires ?

17. *Epithaphium Rothaidis fille Pepini regis.*

Hic ego quæ jaceo Rothaith. nomine dicor ;
Quæ genus excelso nimium de germine duco.
Nam mihi germanus gentes qui subdidit armis
Ausonias fretus Karolus virtute tenantis.
Pipinus pater est Carolo de principe cretus ,
Agarenum stravit magna de sede tyrannum.
Pipinus proavus quo non audacior ullus ,
Est abavus Anschise potens qui ducit ab illo
Trojano Anschisa , longo post tempore nomen :
Hunc genuit pater iste sacer , præsulque beatus ,
Arnulphus , miris gestis qui fulget ubiquè.
Hic me spe cujus freti posuere parentes. Warnef.

18 *Quià verò Sigebertus rex Grimoaldum majorem domus sibi in omnibus fidelem Morigerum cooperatorem œtenus erat expertus filium ejus Childebertum regni Austrasiorum hæredem delegerat ; hoc tamen proposito conditionis tenore, si ipsum contingeret sine liberis obire.* T. 2. P. 595.

19.° *Nam eidem Hunaldo Karolus princeps Aquitanorum Ducatum tribuit , quandò sibi et filiis suis fidem promisit... Hæc audiens Lupus , regio timore perterritus , direxit Hunaldum cum uxore suâ.* T. 2. P. 595. La famille du rèbelle Gaiffer mise à la merci du Roi Pepin , en avait déjà éprouvé la clémence.

20.° Hatton frère d'Hunold , fils puiné du Duc Eudes , embrassa le parti des Pépins. Il y resta ainsi que sa postérité fidellement attaché. Son fils Wandregisile , Comte des Marches de Gascogne , épousa Marie fille d'Asnarius Comte de Jacca , dont il eut quatre fils : 1.° Bernard qui lui succéda : 2.° Atton Comte de Pailhas : 3.° Asnarius Vicomte de Soules et de Souvigny : 4.° Antoine Vicomte de Beziers...

Les Historiens du Languedoc, Vic et Vaissette conjecturent que de cet Antoine descendent les Vicomtes héréditaires de Beziers.

21.° Wifred Comte du Berry , issu du sang de Charlemagne ; épousa la Princesse Oda du sang Mérovingien. L'auteur ancien de la vie de St-Genou , s'il s'exprime avec justesse , énonce la consanguinité de ces deux époux dans cette Phrase « *Cui non impari verùm æquè generoso stemmate celebris ex clarissimo genere Francorum , Oda, nomine conjux fuit.* Certes , sans l'identité de sang des deux Maisons ,

× Le C.te Wilfred descendoit de St guillaume Duc D'aquitaine, fondat.
de gellonne, Lequel Duc étoit fils de Theodefic K2 alon et de Bouc
petit fils paternel Du Duc childebrand père du prince nibelong
Eleonore D'aquitaine femme Du Roi louis 2ept, étoit De la
Lignée De St guillaume

la parité de grandeur ne pouvait se dire alors... De ce mariage naquit Agane femme de robert premier Comte de Matrie, père de Robert-le-Fort ; lequel Robert premier, Maire du Palais de Guyenne, avait pour père Théodebert, pour aïeul, le Prince Nibelong, et pour bisaïeul, le Duc Childebrand, fils de Pepin-le-Gros. Celui-ci était l'arrière petit-fils du Duc Ansbert. Ainsi l'on voit que ce que l'on appelle très-improprement les trois Races, se fond en une seule. La même fusion de race si on la soumet au prisme des traditions réfléchit encore son éclat au travers de trente siècles, jusques du sein de la Royauté Troyenne.

22.° Robert I. Comte de Matrie avait un frère aîné nommé Eudes Comte d'Orléans, qui était oncle paternel de Robert-le-Fort, et qui fut tué en 834. Reginon appelle Robert-le-Fort : « Seigneur de haute et grande extraction, mort en « défendant sa Patrie. Adon de Vienne dit : qu'il était le premier « entre les premiers... En parlant du fils du Machabée de la France, du Comte Eudes, Abbon s'exprime ainsi : « *Hi* « *comites cuncti, sed nobilior fuit Odo. Francia lætatur* « *quamvis is Neustricus esset... Nam nullum similem sibi* « *met genitum reperire.* L'Archevêque de Rheims, Foulques, informant l'Empereur Arnoul des motifs qui l'avaient porté à provoquer l'élection du Roi Eudes, pendant la minorité du Charles-le-Simple, soutient qu'en cela il n'a failli : « La cou « tume des Français étant telle, dit-il, quand le Roi a fini « le cours de sa vie, d'en prendre toujours un du sang « Royal. *Regali prosapiâ edito*, écrit à Hugues-le-Grand, le Pape Jean VIII. Le savant Abbo contemporain du Roi Hugues-Capet, dit : que ce Prince avait des Rois pour pères de ses trisaïeux. La chronique de Sens dit mot à mot exprimé du latin : « Que Hugues Capet était issu du sang de Char « lemagne ; qu'il épousa une femme de la même race, dont « naquit le Roi Robert. Le savant Pape Innocent III a laissé par écrit : « Que le Roi Philippe-Auguste était de la « lignée de Charlemagne. Un autre Pape, Pie II, dit du Roi Louis XI, « Qu'il tirait son origine de l'illustre sang « de Charlemagne. Le Cardinal Baronio soutient dans ses Annales de l'Eglise, « Que la lignée du grand Empereur ne « finit point en Louis V ; mais qu'elle fut continuée « en Hugues Capet. Aldearde de Bourgogne, femme de « Guillaume VII, Duc de Guyenne, dit Besly, était Prin

« cesse du sang Royal de France, non seulement par son
« père Robert I.ᵉʳ, Duc de Bourgogne, fils du Roi Robert ;
« mais aussi par son cinquième aïeul, Robert-le-Fort,
« Marquis de France. L'épitaphe de Charles III de la branche
d'Evreux, Roi de Navarre, qu'on lit dans la Cathédrale de
Pampelune, porte : « Que ce Prince est descendu de l'Em-
« pereur St-Charlemagne et de St-Louis Roi de France.

23.° Munster, Trithême, et un grand nombre d'Historiens,
de Généalogistes Allemans et Flamans, n'ont qu'une même
opinion sur l'origine Franque et Royale du Duc Ansbert. La-
sius entr'autres, déduit ainsi la descendance Mérovingienne
de ce Prince.

1.° Sunon fils de Genebaut, *Rex, Dux orientalis*, procréa
Diodes, *Diodem*, Duc des Belges, sous le règne de l'Empereur
Valentinian. 2.° Diodes procréa Mérovée, *Meroveum*. 3.°
Mérovée procréa Léonce, *Leontium*, Duc de Brabant. 4.° Léonce
procréa Heribert, *Heribertum*, Duc de Brabant. 5.° Heribert
procréa Priam, *Priamum*. 6.° Priam procréa Sigebert et Hu-
gobald, *Sigebertum et Hugobaldum*, Duc de la Belgique.
Sigebert Maire du Palais de Théodebert, Roi de France,
eut pour fils les Ducs Nicanor et Carloman, *Nicanorem
et Carlomanum* : de Carloman naquit le Landgrave Pepin,
Pipinum Landgravium... Pepin petit fils de Sigebert,
Duc de Brabant, et fils de Carloman, Duc de la Belgique,
et Dithe *Itha*, sœur de Rotbold, Evêque de Trèves, procréa
Grimoald, Maire du Palais de France... 7.° Hugueprheet ou
Hugobald, fils de Priam, et frère germain de Sigebert Duc
de Brabant, procréa Ansbert ou Ansphreet, *Ausbertum
vel Ansphrehum*, qui eut pour femme Blitilde ou Phlitilde
fille de Clotaire Roi de France. 8.° Ansbert procréa le Duc
Anchise. 9.° Anchise procréa Arnoald, *Arnoaldum et Odam
filiam*. 10.° Arnoald Duc de la Belgique procréa Saint-Arnould, Duc et Evêque de Brabant. 11.° Saint-Arnould de
Doda son épouse eut pour fils Anchise II du nom, et Lutoph,
Episcopum Luthophum. 12.° Anchise, Maire du Palais de
France et Duc de Brabant, eut de Begga sa femme, sœur
de Lutophe, Evêque de Trèves, et de Sainte Gertrude, pour
fils, Pepin d'Héristel, et le Comte Heribert.

24.° On voit aussi dans Eutrope et Suetone que l'Empereur Auguste transplanta dans les Gaules, une colonie de
quarante mille Sycambres, et qu'il leur assigna des terres le

long du Rhin ; or une colonie si nombreuse ne se sera pas établie dans cette contrée Belgique , sans l'intervention de quelques Princes Sycambres. Des Princes de cette nation auront accompagné la colonie , ou seront allés la rejoindre et la gouverner. Aussi remarque-t-on que les Ancêtres des Pépins possédaient , de tems immémorial, de vastes principautés dans la Gaule Belgique. Pepin de Landen était Seigneur de ces contrées. *Justis legibus gubernabat.*

25.º Sur quatre adoptions que l'on compte sous les Mérovingiens , il y en a eu trois de consommées , le refus du Duc Arnoald ayant fait échouer la quatrième. Parmi les quatre héritiers adoptifs, Thodebert et Childebert Rois , étaient de l'estoc du grand Clovis : de l'estoc du Duc Ansbert étaient Arnoald et Childebert petit fils de Pepin I. du nom Or dans la famille et dans le Royaume des Mérovirgiens , l'adoption de ces quatre Princes démontre l'identité de leur sang. L'adoption d'un sang étranger aurait semé la révolte, la mort et la désolation sur l'empire des Francs On ne se permettra pas d'en douter , si l'on connaît à quel dégré la jalousie et la soif de dominer faisaient bouillonner le sang Mérovingien. Veut-on de cette identité de race , une autre preuve perpétuelle et manifeste , la coexistence amicale et paisible des deux maisons au sein de la France même , nous la fournit ? Le lacis d'une infinité d'autres preuves confirme encore cette vérité. L'unité de dynastie est donc avérée et certaine ; mais par quelle lignée le Duc Ansbert sort-il du tronc antique et royal des Francs ? Il existe de l'incertitude à cet égard. Parmi la diversité des Généalogies du Duc Ansbert, il ne nous reste sans doute qu'à reconnaître et certifier la véritable. C'était dit S. Dupleix « l'affirmation de beaucoup d'Annalistes, « qu'Ansbert était Prince Français, issu de la race du Roi Clodion. Le tems qui par fois obscurcit et découvre , nous révélera la vraie filiation de ce Seigneur. *Vir Francus nobilissimus Ansbertus.*

Il paraîtrait constant que ce Duc aurait eu pour père, un Seigneur nommé Ferréolus.. MM. de Sainte.Marthe attribuent cette paternité à un Seigneur Gaulois nommé Ferréolus. Dabord Sydonius oncle d'Archotamie , ne donne jamais le nom de Ferréolus au fils de Tonancius Ferréolus : il le nomme toujours, dans ses lettres, Tonancius, vrai nom de cette famille Gauloise. 2.º Si le Duc Ansbert était issu du

Ferréolus Gaulois, on n'aurait pas donné à ce Duc une origine Franque. Il est donc plus raisonnable de souteuir avec le R. P. Adrien Jourdan, que le père d'Ansbert était ce Prince Ferréolus, petit fils du Roi Clodion, par son fils Sygilmer, époux d'Archotamie. En conformité de l'origine Royale d'Ansbert, Jonas Abbé de Luxeul, dit de Saint-Arnould : « Qu'il était de la race des Français, et de très-« haute et illustre naissance. Si le père d'Ansbert avait eu une origine Gauloise, l'auteur de la vie de St-Arnould ne se serait pas exprimé ainsi ; Paul Diacre n'aurait pas rendu le même témoignage de cette vérité.

26.° Une même souche a produit dans la Famille Royale de France, trois branches et non trois races. L'empire de la routine a prévalu au point que Mézerai qui écrivait que les Carliens et les Capetiens sortaient en effet d'une même tige, parle toujours de trois races. MM. de Sainte-Marthe qui d'accord avec Dubouchet et André Duchesne prouvaient si savamment cette unité de tige, ont subi aussi le joug de ce langage faux et erroné. Un pareil abus de choses et de mots doit être proscrit à jamais.

PROGRAMME

D'un Monument national à ériger pour consa-crer le Miracle de la Restauration de la Mai-son de France.

L'ÉPOQUE où la main de Dieu a miraculeuse-ment rendu à la France le sang antique de ses Rois, est pour nous une ère mémorable, et une époque caractéristique de nos mœurs. Tout doit éclater par élan dans nos mouvemens de recon-naissance et dans nos hommages envers le Ciel et la terre.

Puisse ma pensée être à votre unisson, Peuple Français, et porter l'ardeur des sentimens géné-reux qui vous anime!!... Si ma pensée ren-ferme les objets sacrés de votre culte, Religion, Piété filiale, noble Orgueil, Honneur, VOTONS par acclamation, une souscription nationale pour fondre au feu du plus bel enthousiasme, de l'enthousiasme Français, les bronzes d'une superbe Colonne gé-néalogique et chronologique de la Dynastie des Rois de France, dits Mérovingiens, Carliens et Capetiens.

L'arbre généalogique de la Maison régnante, feuillé de fleurs de lys d'or, sculpté en bas relief, sur cette Colonne à huit pans, l'envelopperait. Sur cet Arbre, on verrait au milieu des lys et des lauriers, la stature naturelle des Rois, des Reines, des Empereurs, et le buste des autres Princes et Princesses. En lettres d'or, on y lirait leurs noms et surnoms, le tems où ils vivaient, où ils régnaient. La statue pédestre de LOUIS-LE-DÉSIRÉ, placée sur l'entablement de cette Colonne la couronnerait majestueusement.

Afin d'attirer la bénédiction du Tout-Puissant sur la perpétuité du sang du grand Clovis, et pour remercier la Bonté divine de nous avoir conservé et rendu les Bourbons ; une Chapelle dotée, dédiée à St Louis et à St-Arnould, sera creusée dans la base de ce pieux, illustre et vénérable Monument national.

Nation Française ! qu'il est glorieux de posséder une Maison si noble et si Royale, d'être gouvernée par une race héroïque, qui dans l'antiquité de son existence souveraine, unit l'éclat de la Royauté des Francs à la splendeur du Diadême des Français !.. Heureux le Peuple que la Providence a replacé à l'ombre des lys, et à qui elle met en main le burin de la fierté et de l'orgueil, pour graver sur le bronze, et y consacrer de si grands et de si uniques bienfaits !!!!....

A VIRE, chez ADAM, Imprimeur du Roi, au 1817.